Uyghur Vocabulary:
An Uyghur Language Guide

Akhmad Akhun

Contents

List of Uyghur letters   1

1. Measurements   5
   Time   11
   Months of the Year   19
   Days of the Week   22
   Seasons   24
   Numbers   25
   Ordinal Numbers   29
   Geometric Shapes   32
   Colors   35
   Related Verbs   38

2. Weather   41
   Related Verbs   49

3. People   51
   Characteristics   58
   Stages of Life   63
   Religion   66
   Work   68
   Related Verbs   74

4. Parts of the Body   77
   Related Verbs   83

5. Animals   85
   Birds   91
   Water/Ocean/Beach   94
   Insects   96
   Related Verbs   99

6. Plants and Trees   101
   Related Verbs   109

7. Meeting Each Other   111
   Greetings/Introductions: 111
   Greeting Answers   115

Saying Goodbye 117

Courtesy 119

Special Greetings 121

Related Verbs 123

8. House 125

Related Verbs 138

9. Arts & Entertainment 141

Related Verbs 153

10. Games and Sports 157

Related Verbs 168

11. Food 171

Restaurants and Cafes 180

Related Verbs 187

12. Shopping 191

Related Verbs 198

13. At the Bank 201

Related Verbs 208

14. Holidays 211

Related Verbs 217

15. Traveling 219

Modes of Transportation 225

Hotels 228

Related Verbs 236

16. School 239

Related Verbs 250

17. Hospital 253

Related Verbs 266

18. Emergency 269

Related Verbs 277

List of Uyghur letters

Order	Uyghur Arabic alphabet	Uyghur Latin alphabet	IPA
01	ا/ئا	A a	/ɑ/
Example:	ئات	at	/ɑt/
02	ه/ئە	E e	/ɛ/~/æ/
Example:	ئەينەك	eynek	/ɛjnɛk/
03	ب	B b	/b/
Example:	بېلىق	béliq	/beliq/
04	پ	P p	/p/
Example:	پاقا	paqa	/pɑqɑ/
05	ت	T t	/t/
Example:	توشقان	toshqan	/toʃqɑn/
06	ج	J j	/d͡ʒ/
Example:	جۇۋا	juwa	/d͡ʒuwɑ/
07	چ	Ch ch	/t͡ʃ/
Example:	چەينەك	cheynek	/t͡ʃɛjnɛk/
08	خ	X x	/χ/
Example:	خوراز	xoraz	/χorɑz/
09	د	D d	/d/
Example:	داپ	dap	/dɑp/
10	ر	R r	/r/
Example:	راۋاپ	ravap	/rɑvɑp/
11	ز	Z z	/z/
Example:	زەنجىر	zenjir	/zɛnd͡ʒir/
12	ژ	Zh zh	/ʒ/

Example:	ژۇرنال	zhurnal	/ʒurnal/
13	س	S s	/s/
Example:	سائەت	sa'et	/saˈɛt/
14	ش	Sh sh	/ʃ/
Example:	شىر	shir	/ʃir/
15	غ	Gh gh	/ʁ/
Example:	غاز	ghaz	/ʁaz/
16	ف	F f	/f/
Example:	فونتان	fontan	/fontan/
17	ق	Q q	/q/
Example:	قوي	qoy	/qoj/
18	ك	K k	/k/
Example:	كالا	kala	/kala/
19	گ	G g	/g/
Example:	گۈل	gül	/gyl/
20	ڭ	Ng ng	/ŋ/
Example:	ياڭاق	yangaq	/jaŋaq/
21	ل	L l	/l/
Example:	لەگلەك	leglek	/lɛglɛk/
22	م	M m	/m/
Example:	مۇشۇك	müshük	/myʃyk/
23	ن	N n	/n/
Example:	نان	nan	/nan/
24	ھ	H h	/h/
Example:	ھارۋا	harva	/harva/
25	و / ئو	O o	/o/
Example:	ئورغاق	orghaq	/orʁaq/
26	ۇ / ئۇ	U u	/u/

2

Example:	ئۇۋا	uwa	/uwɑ/
27	ئۆ/ ئۆ	Ö ö	/ø/
Example:	ئۆي	öy	/øj/
28	ئۈ/ ئۈ	Ü ü	/y/
Example:	ئۈزۈم	üzüm	/yzym/
29	ۋ	W w	/w/~/v/
Example:	ۋېلسىپىت	vélisipit	/velisipit/
30	ې/ ئې	Ë ë	/e/
Example:	ئېيىق	éyiq	/ejiq/
31	ى/ ئى	I i	/i/~/ɪ/
Example:	ئىت	it	/it/
32	ي	Y y	/j/
Example:	يولۋاس	yolvas	/jolvɑs/

1. Measurements

ئۆلچەم بىرلىكلىرى

Ölchem birlikliri

acre

ئىنگلىز موسى

Ingliz mosi

centimeter

سانتىمېتىر

Santimétir

cup

ئىستاكان

Istakan

degree

گرادۇس

Gradus

depth

چوڭقۇرلۇق

Chongqurluq

dozen

ئون ئىككى دانە

On ikki dane

---

foot

فۇت

Fut

---

gallon

گاللون

Gallon

---

gram

گرام

Gram

---

height

ئېگىزلىك

Égizlik

---

inch

دىيۇم

Diyum

---

kilometer

كىلومېتىر

Kilométir

length

ئۇزۇنلۇق

Uzunluq

liter

لىتىر

Litir

meter

مېتىر

Métir

mile

ئىنگلىز مىلى

Ingliz mili

minute

مىنۇت

Minut

ounce

ئۇنسىيە

Unsiye

perimeter

پېرىمېتر

Périmétir

pint

پاينت

Paynt

pound

قاداق

Qadaq

quart

كۋارتىس

Kwartis

ruler

سىزغۇچ

Sizghuch

scale

نسبەت

Nisbet

small

كىچىك

Kichik

tablespoon

چۆموچ

Chömüch

teaspoon

قوشۇق

Qoshuq

ton

توننا

Tonna

volume

سىغىم

Sighim

weight

توملۇقى

Tomluqi

width

كەڭلىك

Kenglik

yard

يارد

Yard

Time
ۋاقىت
Waqit

What time is it?

سائەت قانچە بولدى ؟

Sa'et qanche boldi?

It's 1:00 AM/PM

چۈشتىن بۇرۇن\كېيىن 1:00

Chüshtin burun\kéyin 1:00

It's 2:00 AM/PM

چۈشتىن بۇرۇن\كېيىن 2:00

Chüshtin burun\kéyin 2:00

It's 3:00 AM/PM

چۈشتىن بۇرۇن\كېيىن 3:00

Chüshtin burun\kéyin 3:00

It's 4:00 AM/PM

چۈشتىن بۇرۇن\كېيىن 4:00

Chüshtin burun\kéyin 4:00

It's 5:00 AM/PM

چۈشتىن بۇرۇن\كېيىن 5:00

Chüshtin burun\kéyin 5:00

It's 6:00 AM/PM

چۈشتىن بۇرۇن\كېيىن 6:00

Chüshtin burun\kéyin 6:00

It's 7:00 AM/PM

چۈشتىن بۇرۇن\كېيىن 7:00

Chüshtin burun\kéyin 7:00

It's 8:00 AM/PM

چۈشتىن بۇرۇن\كېيىن 8:00

Chüshtin burun\kéyin 8:00

It's 9:00 AM/PM

چۈشتىن بۇرۇن\كېيىن 9:00

Chüshtin burun\kéyin 9:00

It's 10:00 AM/PM

چۈشتىن بۇرۇن\كېيىن 10:00

Chüshtin burun\kéyin 10:00

It's 11:00 AM/PM

چۈشتىن بۇرۇن\كېيىن 11:00

Chüshtin burun\kéyin 11:00

It's 12:00 AM/PM

چۈشتىن بۇرۇن\كېيىن 12:00

Chüshtin burun\kéyin 12:00

in the morning

ئەتىگەندە

Etigende

in the afternoon

چۈشتىن كېيىن

Chüshtin kéyin

in the evening

كەچتە

Kechte

at night

كېچىدە

Kéchide

afternoon

چۈشتىن كېيىن

Chüshtin kéyin

annual

يىللىق

Yilliq

calendar

كالېندار

Kaléndar

daytime

كۈندۈز

Kündüz

decade

ئون يىل

On yil

evening

كەچ

Kech

hour

سائەت

Sa'et

midnight

تۈن كېچە

Tün kéche

minute

مىنۇت

Minut

morning

ئەتىگەن

Etigen

month

ئاي

Ay

noon

چۈش

Chüsh

now

هازىر

Hazir

o'clock

سائەت

Sa'et

past

ئۆتتى

Ötti

present

هازىر

Hazir

second

سېكۇنت

Sékunt

sunrise

كۈن چىقىش

Kün chiqish

sunset

كۈن پېتىش

Kün pétish

today

بۈگۈن

Bügün

tonight

بۈگۈن كەچ

Bügün kech

tomorrow

ئەتە

Ete

week

ھەپتە

Hepte

year

يىل

Yil

yesterday

تۆنۈگۈن

Tönügün

Months of the Year

ئايلار

Aylar

January

يانۋار

Yanwar

February

فېۋرال

Féwral

March

مارت

Mart

April

ئاپرېل

Aprél

May

ماي

May

June

ئىيۇن

Iyun

July

ئىيۇل

Iyul

August

ئاۋغۇست

Awghust

September

سېنتەبىر

Séntebir

October

ئۆكتەبىر

Öktebir

November

نويابىر

Noyabir

December

دېكابىر

Dékabir

Days of the Week

كۈنلەر

Künler

Monday

دۈشەنبە

Düshenbe

Tuesday

سەيشەنبە

Seyshenbe

Wednesday

چارشەنبە

Charshenbe

Thursday

پەيشەنبە

Peyshenbe

Friday

جۈمە

Jüme

Saturday

شەنبە

Shenbe

Sunday

يەكشەنبە

Yekshenbe

Seasons

پەسىللەر

Pesiller

winter

قىش

Qish

spring

ئەتىياز

Etiyaz

summer

ياز

Yaz

fall/autumn

كۈز

Küz

Numbers

سانلار

Sanlar

One(1)

بر

Bir(1)

Two(2)

ئىككى

Ikki(2)

Three(3)

ئۇچ

Üch(3)

Four(4)

تۆت

Töt(4)

Five(5)

بەش

Besh(5)

Six(6)

ئالته

Alte(6)

Seven(7)

يەتته

Yette(7)

Eight(8)

سەككىز

Sekkiz(8)

Nine(9)

توققۇز

Toqquz(9)

Ten(10)

ئون

On(10)

Eleven(11)

ئون بىر

On bir(11)

Twelve(12)

ئون ئىككى

On ikki(12)

Twenty(20)

يىگىرمه

Yigirme(20)

Fifty(50)

ئەللىك

Ellik(50)

Hundred(100)

يۈز

Yüz(100)

Thousand(1000)

مىڭ

Ming(1000)

Ten Thousand(10,000)

ئون مىڭ

On ming(10,000)

Hundred Thousand(100,000)

يۈز مىڭ

Yüz ming(100,000)

Million(1,000,000)

مىليون

Milyon(1,000,000)

Billion(1,000,000,000)

مىليارد

Milyard(1,000,000,000)

Ordinal Numbers

دەرىجە سانلار

Derije sanlar

first

بىرىنچى

Birinchi

second

ئىككىنچى

Ikkinchi

third

ئۈچىنچى

Üchinchi

fourth

تۆتىنچى

Tötinchi

fifth

بەشىنچى

Beshinchi

sixth

ئالتىنچى

Altinchi

---

seventh

يەتتىنچى

Yettinchi

---

eighth

سەككىزىنچى

Sekkizinchi

---

ninth

توققۇزىنچى

Toqquzinchi

---

tenth

ئونىنچى

Oninchi

---

twentieth

يىگىرمىنچى

Yigirminchi

twenty-first

يىگىرمە بىرىنچى

Yigirme birinchi

hundredth

يۈزىنچى

Yüzinchi

thousandth

مىڭىنچى

Minginchi

millionth

مىليونىنچى

Milyoninchi

billionth

مىلياردىنچى

Milyardinchi

Geometric Shapes

گېئومېترىيەلىك شەكىللەر

Gé'ométiriyelik shekiller

circle

چەمبەر

Chember

heart

يۈرەك

Yürek

line

سىزىق

Siziq

octagon

سەككىز تەرەپلىك

Sekkiz tereplik

oval

ئېللىپس

Éllips

parallel

پاراللېل

Parallél

pentagon

بەش تەرەپلىك

Besh tereplik

perpendicular

تىك سىزىق

Tik siziq

polygon

كۆپ تەرەپلىك

Köp tereplik

rectangle

تىك تۆتبۇلۇڭ

Tik tötbulung

square

كۋادرات

Kwadrat

star

يۇلتۇز

Yultuz

---

triangle

ئۈچ بۇلۇڭ

Üch bulung

Colors

رەڭلەر

Rengler

black

قارا

Qara

blue

كۆك

Kök

brown

قوڭۇر

Qongur

gray

كۈلرەڭ

Külreng

green

يېشىل

Yéshil

navy blue

دېڭىز كۆك

Déngiz kök

orange

قىزغۇچ سېرىق

Qizghuch sériq

pink

ھالرەڭ

Halreng

purple

بىنەپشە

Binepshe

red

قىزىل

Qizil

silver

كۆمۈشرەڭ

Kümüshreng

white

ئاق

Aq

yellow

سېرىق

Sériq

Related Verbs

مۇناسۋەتلىك پېئللار

Munaswetlik pé'illar

to add

قوشۇش

Qoshush

to change

ئۆزگەرتىش

Özgertish

to check

تەكشۈرۈش

Tekshürüsh

to color

بوياش

Boyash

to count

ساناش

Sanash

to divide

بۆلۈش

Bölüsh

to figure

ھېسابلاش

Hésablash

to fill

تولدۇرۇش

Toldurush

to guess

پەرەز قىلىش

Perez qilish

to measure

ئۆلچەش

Ölchesh

to multiply

كۆپەيتىش

Köpeytish

to subtract

كىمەيتىش

Kémeytish

to take

ئېلىش

Élish

to tell time

ۋاقىتنى ئېيتىپ بېرىش

Waqitni éytip bérish

to verify

دەلىللەش

Delillesh

to watch

قاراش

Qarash

2. Weather
هاۋا رايى
Hawa rayi

air

هاۋا

Hawa

atmosphere

ئاتموسفېرا

Atmosféra

blizzard

بوران

Boran

breeze

مەيىن شامال

Meyin shamal

climate

كلىمات

Kilimat

cloud

بۇلۇتلۇق

Bulutluq

cold

سوغۇق

Soghuq

cyclone

قۇيۇن

Quyun

degree

گرادۇس

Gradus

depression

تۇتۇق

Tutuq

dew

شەبنەم

Shebnem

dry

قۇرغاق

Qurghaq

flood

كەلكۈن

Kelkün

fog

تۇمان

Tuman

forecast

ئالدىن مەلۇمات

Aldin melumat

freeze

زىمىستان

Zimistan

frost

قىرو

Qiro

hail

مۆلدۇر

Möldür

heat

ئىسسىق

Issiq

high

يۇقىرى

Yuqiri

humidity

نەملىك

Nemlik

hurricane

قارا بوران

Qara boran

ice

مۇز

Muz

lightning

چاقماق

Chaqmaq

low

تۆۋەن

Töwen

meteorology

ھاۋا رايى ئىلمى

Hawa rayi ilmi

outlook

كېلەچەك

Kélechek

overcast

بۇلۇتلۇق

Bulutluq

precipitation

ھۆل-يېغىن مىقدارى

Höl-yéghin miqdari

pressure

بېسىم

Bésim

radar

رادار

Radar

rain

يامغۇر

Yamghur

snow

قار

Qar

storm

جۇدۇن

Judun

temperature

تېمپېراتۇرا

Témpératura

thermal

ئىسسىقلىق

Issiqliq

thermometer

تېرمومېتىر

Térmométir

thunder

گۈلدۈرماما

Güldürmama

tornado

قارا قۇيۇن

Qara quyun

tropical storm

تروپىك گۈلدۈرمامىسى

Tropik güldürmamisi

warm

ئىللىق

Illiq

weather

هاۋا رايى

Hawa rayi

weather report

هاۋا رايى مەلۇماتى

Hawa rayi melumati

wind

شامال

Shamal

wind chill

سوغۇق شامال

Soghuq shamal

Related Verbs

مۇناسۋەتلىك پېئىللار

Munaswetlik pé'illar

to cool down

سوۋۇپ كېتىش

Sowup kétish

to drizzle

سىم-سىم يامغۇر يېغىش

Sim-sim yamghur yéghish

to feel

ھېس قىلىش

Hés qilish

to forecast

ئالدىن مەلۇمات بېرىش

Aldin melumat bérish

to hail

مۆلدۈر يېغىش

Möldür yéghish

to rain

يامغۇر يېغىش

Yamghur yéghish

to shine

ئاپتاپ چقش

Aptap chiqish

to snow

قار يېغىش

Qar yéghish

to storm

بوران چقش

Boran chiqish

to watch

قاراش

Qarash

3. People
ئادەملەر

Ademler

athlete

تەنتەربىيەچى

Tenterbiyechi

boy

ئوغۇل

Oghul

brother

ئاكا ياكى ئۇكا

Aka yaki uka

brother-in-law

قېيىن ئاكا ياكى ئۇكا

Qéyin aka yaki uka

businessman

سودىگەر

Sodiger

candidate

نامزات

Namzat

---

child/children

بالا\بالىلار

Bala\balilar

---

coach

مەشقاۋۇل

Meshqawul

---

cousin

بىر نەۋرە

Bir newre

---

daughter

قىز

Qiz

---

daughter-in-law

كېلىن

Kélin

---

driver

شوپۇر

Shopur

family

ئائىله

A'ile

farmer

دىھقان

Déhqan

father/dad

ئاتا\دادا

Ata\dada

father-in-law

قېينئاتا

Qéyinata

friend

دوست

Dost

girl

قىز

Qiz

---

grandchildren

نەۋرە

Newre

---

granddaughter

قىز نەۋرە

Qiz newre

---

grandfather

بوۋا

Bowa

---

grandmother

موما

Moma

---

grandson

ئوغۇل نەۋرە

Oghul newre

---

husband

ئېرى

Éri

kid

بالا

Bala

man

ئەر

Er

mother/mom

ئانا\ئاپا

Ana\apa

mother-in-law

قېيىنئانا

Qéyinana

nephew

جىيەن ئوغۇل

Jiyen oghul

niece

جيەن قىز

Jiyen qiz

parent

ئاتا-ئانا

Ata-ana

sister

ئاچا ياكى سىڭىل

Acha yaki singil

sister-in-law

قېيىن ئاچا ياكى سىڭىل

Qéyin acha yaki singil

son

ئوغلى

Oghli

son-in-law

كۈيئوغۇل

Küyoghul

student

ئوقۇغۇچى

Oqughuchi

teenager

ئۆسمۈر

Ösmür

tourist

ساياھەتچى

Sayahetchi

wife

خوتۇن

Xotun

woman

ئايال

Ayal

Characteristics

خاراكتېر

Xaraktér

attractive

جەلبكار

Jelibkar

beautiful

گۈزەل

Güzel

black hair

قارا چاچ

Qara chach

blind

ئەما

Ema

blond

سېرىق چاچلىق

Sériq chachliq

58

blue eyes

كۆك كۆزلۈك

Kök közlük

brown eyes

قوڭۇر كۆزلۈك

Qongur közlük

brown hair/brunette

قوڭۇر چاچلىق

Qongur chachliq

deaf

گاس

Gas

divorced

تۇل

Tul

fat

سېمىز

Sémiz

gray hair

كۆلرەڭ چاچلىق

Külreng chachliq

green eyes

يېشىل كۆزلۈك

Yéshil közlük

handsome

كېلىشكەن

Kélishken

hazel eyes

قوي كۆزلۈك

Qoy közlük

married

نىكاھلانغان

Nikahlanghan

mustache

بۇرۇت

Burut

old

ياشانغان

Kona, yashanghan

petite

ئوماق

Omaq

plump

تولغان

Tolghan

pregnant

ھاملدار

Hamildar

red head

قزىل باش

Qizil bash

short

كالته

Kalte

short hair

كالته چاچ

Kalte chach

skinny

ئوروق

Oruq

stocky

ته‌مبه‌ل

Tembel

tall

ئېگىز

Égiz

thin

ئوروق

Oruq

young

ياش

Yash

Stages of Life

هايات قەدەملىرى

Hayat qedemliri

adolescence

بالىلق

Baliliq

adult

قۇرامغا يەتكەن

Quramigha yetken

anniversary

يىللىق خاتىرە كۈن

Yilliq xatire kün

birth

تۇغۇلۇش

Tughulush

death

ئۆلۈش

Ölüsh

divorce

ئاجرىشىش

Ajrishish

graduation

ئوقۇش پۈتتۈرۈش

Oqush püttürüsh

infant

بوۋاق

Bowaq

marriage

توي

Toy

middle-aged

ئوتتۇرا ياش

Ottura yash

newborn

يېڭى تۇغۇلغان

Yéngi tughulghan

preschooler

مەكتەپكە كىرمىگەن

Mektepke kirmigen

preteen

بالاغەتكە يەتمىگەن

Balaghetke yetmigen

senior citizen

ياشانغان

Yashanghan

teenager

ئۆسمۈر

Ösmür

toddler

يېڭى ئايىغى چىققان

Yéngi ayighi chiqqan

young adult

نەۋقىران

Newqiran

Religion

دىن

Din

Atheist/Agnostic

دىنسىز\كاپىر

Dinsiz\kapir

Buddhist

بۇددىست

Buddist

Christian

خرىستىئان

Xrisitian

Hindu

ھىندى

Hindi

Jewish

يەھۇدى

Yehudi

Muslim

مۇسۇلمان

Musulman

Sikh

شك دىنىدىكى

Shik dinidiki

Work

خىزمەت

Xizmet

accountant

بۇغالتىر

Bughaltir

associate

ياردەمچى

Yardemchi

astronaut

ئالەم ئۇچقۇچىسى

Alem uchquchisi

banker

بانكىر

Bankir

carpenter

ياغاچچى

Yaghachchi

chef

ئاشپەز

Ashpez

clerk

كاتىپ

Katip

custodian

ئامانلىق ساقلىغۇچى

Amanliq saqlighuchi

dentist

چىش دوختۇرى

Chish doxturi

doctor

دوختۇر

Doxtur

electrician

توكچى

Tokchi

executive

نازارەتچى

Nazaretchi

judge

سوتچى

Sotchi

lawyer

ئادۋوكات

Adwokat

librarian

كۈتۈپخانا خادىمى

Kütüpxana xadimi

manager

باشقۇرغۇچى

Bashqurghuch

pharmacist

دورىگەر

Doriger

pilot

ئۇچقۇچى

Uchquchi

policeman

ساقچى

Saqchi

preacher

تەبلىغچى

Teblighchi

president

رەئىس جۇمھۇر

Re'is jumhur

representative

ۋەكىل

Wekil

scientist

ئالىم

Alim

secretary

كاتىپ

Katip

soldier

ئەسكەر

Esker

teacher

ئوقۇتقۇچى

Oqutquchi

technician

تېخنىك

Téxnik

treasurer

ماليه باشلىقى

Maliye bashliqi

writer

يازغۇچى

Yazghuchi

zoologist

هايۋاناتشۇناس

Haywanatshunas

Related Verbs

مۇناسۋەتلىك پېئىللار

Munaswetlik pé'illar

to grow

ئۆستۈرۈش

Östürüsh

to love

سۆيۈش

Söyüsh

to make

ياساش

Yasash

to manage

باشقۇرۇش

Bashqurush

to serve

مۇلازىمەت قىلىش

Mulazimet qilish

to talk

سۆزلەش

Sözlesh

to think

ئويلاش

Oylash

to work

ئىشلەش

Ishlesh

to worship

ناماز ئوقۇش

Namaz oqush

4. Parts of the Body
بەدەن ئەزالىرى

Beden ezaliri

arm

قول

Qol

back

دۆمبه

Dümbe

belly

قوساق

Qosaq

blood

قان

Qan

bone

سۆڭەك

Söngek

brain

ميڭه

Ménge

breast

كۆكرەك

Kökrek

buttocks

كاسا

Kasa

cheek

مەڭز

Mengiz

chest

مەيدە

Meyde

ear

قۇلاق

Qulaq

eye

كۆز

Köz

---

face

يۈز

Yüz

---

finger

بارماق

Barmaq

---

foot/feet

پۇت

Put

---

hair

چاچ

Chach

---

hand

قول

Qol

---

head

باش

Bash

heart

يۈرەك

Yürek

knee

تىز

Tiz

leg

پاچاق

Pachaq

lips

لەۋ

Lew

mouth

ئېغىز

Éghiz

muscle

مۇسكۇل

Muskul

nail

تىرناق

Tirnaq

neck

بويۇن

Boyun

nose

بۇرۇن

Burun

shoulder

مۈرە

Müre

skin

تېرە

Tére

stomach

ئاشقازان

Ashqazan

teeth/tooth

چىش

Chish

tongue

تىل

Til

Related Verbs

مۇناسۋەتلىك پېئىللار

Munaswetlik pé'illar

to exercise

مەشىق قىلىش

Meshiq qilish

to feel

ھېس قىلىش

Hés qilish

to hear

ئاڭلاش

Anglash

to see

كۆرۈش

Körüsh

to smell

پۇراش

Purash

to taste

تېتىش

Tétish

to touch

تېگىپ بېقىش

Tégip béqish

5. Animals
هايۋانلار

Haywanlar

alligator

تىمساھ

Timsah

bat

شەپەرەڭ

Shepereng

bear

ئېيىق

Éyiq

cat

مۈشۈك

Müshük

cougar

ئامېرىكا شىرى

Amérika shiri

cow

كالا

Kala

---

crocodile

تىمساھ

Timsah

---

deer

بۇغا

Bugha

---

dinosaur

دىنوزاۋر

Dinozawr

---

dog

ئىت

It

---

elephant

پىل

Pil

---

fox

تۆلكە

Tülke

frog

پاقا

Paqa

giraffe

زىراپە

Zirape

goat

ئۆچكە

Öchke

hippopotamus

سۇ ئېتى

Su éti

horse

ئات

At

iguana

ئامېرىكا كەسلەنچۆكى

Amérika keslenchüki

kangaroo

كونگورو

Kongoro

lion

شىر

Shir

lizard

كەسلەنچۆك

Keslenchük

mouse

چاشقان

Chashqan

monkey

مايمۇن

Maymun

otter

قوْندۇز

Qunduz

panda

مۇشۇكئېيىق

Müshükéyiq

pig

چوشقا

Choshqa

rabbit

توشقان

Toshqan

sheep

قوي

Qoy

snake

يىلان

Yilan

squirrel

تىيىن

Tiyin

tiger

يولۋاس

Yolwas

turtle

تاشپاقا

Tashpaqa

wolf

بۆرە

Böre

zebra

زىبرا

Zébra

Birds

قۇشلار

Qushlar

chicken

توخۇ

Toxu

crow

قاغا

Qagha

dove

كەپتەر

Kepter

duck

ئۆردەك

Ördek

eagle

بۆركۈت

Bürküt

flamingo

قىزىل لەيلەك

Qizil leylek

goose

غاز

Ghaz

hawk

قۇرغۇي

Qurghuy

hummingbird

ھەرە قۇش

Here qush

owl

مۇشۇكيا پىلاق

Müshükyapilaq

parrot

شاتۇتى

Shatuti

pigeon

كەپتەر

Kepter

rooster

خوراز

Xoraz

swan

ئاققۇ

Aqqu

turkey

كۆركە توخۇ

Kürke toxu

Water/Ocean/Beach
سۇ\ئوكيان\ساھىل

Su\okyan\sahil

catfish

زاغرا بېلىق

Zaghra béliq

crab

قىسقۇچپاقا

Qisquchpaqa

goldfish

ئالتۇن بېلىق

Altun béliq

jellyfish

مېدۇزا

Méduza

lobster

راك

Rak

oyster

مۇلى قۇلۇلىسى

Muli qululisi

salmon

سالمون بېلىقى

Salmon béliqi

shark

لەھەڭ

Leheng

tuna

تۇنا بېلىقى

Tuna béliqi

whale

كىت

Kit

Insects

هاشاراتلار

Hasharatlar

ant

چۆمۈله

Chümüle

bee

ھەسەل ھەرىسى

Hesel herisi

beetle

قوڭغۇز

Qongghuz

butterfly

كېپىنەك

Képinek

earthworm

سازاڭ

Sazang

flea

بۆرگە

Bürge

fly

چىۋىن

Chiwin

gnat

كىچىك ھاشارەت

Kichik hasharet

grasshopper

چىكەتكە

Chéketke

ladybug

خانقىز

Xanqiz

moth

پەرۋانە

Perwane

mosquito

پاشا

Pasha

spider

ئۆمۈچۈك

Ömüchük

wasp

سېرىق ھەرە

Sériq here

Related Verbs

مۇناسۋەتلىك پېئىللار

Munaswetlik pé'illar

to chase

قوغلاش

Qoghlash

to feed

بېقىش

Béqish

to hibernate

ئۇچەككە كىرىش

Üchekke kirish

to hunt

ئوۋلاش

Owlash

to move

يۆتكەش

Yötkesh

99

to perch

قونۇش

Qonush

to prey

ئوۋلاپ تۇتۇش

Owlap tutush

to run

يۈگۈرۈش

Yügürüsh

to swim

سۇ ئۈزۈش

Su üzüsh

to walk

مېڭىش

Méngish

6. Plants and Trees

ئۆسۈملۈك ۋە دەرەخلەر

Ösümlük we derexler

bamboo

بامبۇك

Bambuk

bean

پۇرچاق

Purchaq

berry

شىرنىلىك مېۋە

Shirnilik méwe

blossom

چىچەك

Chéchek

branch

شاخ

Shax

bulb

غوزا

Ghoza

bush

چاتقال

Chatqal

cactus

كاكتۈس

Kaktus

carnation

چىنىگۈل

Chinigül

corn

قوناق

Qonaq

eucalyptus

ئېۇكالىپت دەرىخى

Éwkalipt derixi

evergreen

يېشىلگۈل

Yéshilgül

fern

قىرىققۇلاق

Qiriqqulaq

fertilizer

ئوغۇت

Oghut

flower

گۈل

Gül

forest

ئورمان

Orman

fruit

مېۋە

Méwe

103

garden

گۈللۈك

Güllük

grain

دانلىق زىرائەت

Danliq zira'et

grass

چىمملىق

Chimliq

hay

پىچان

Pichan

herb

سامان غوللۇق ئۆسۈملۈك

Saman gholluq ösümlük

ivy

چىڭگىلىك

Chinggilik

leaf

يوپۇرماق

Yopurmaq

---

lettuce

ئوسۇڭ

Osung

---

lily

گۈلسامساق

Gülsamsaq

---

moss

مۇخ

Mux

---

nut

ياڭاق

Yangaq

---

oak

دۇب

Dub

---

pine cone

شەمشاد غوزىسى

Shemshad ghozisi

pine tree

قارىغاي

Qarighay

plant

ئۆسۈملۈك

Ösümlük

petal

گۈل بەرگى

Gül bergi

poison ivy

زەھەرلىك چاتقال

Zeherlik chatqal

pollen

گۈل چىڭى

Gül chéngi

pumpkin

كاۋا

Kawa

root

يىلتىز

Yiltiz

roses

قىزىلگۈل

Qizilgül

sap

ئەلنىبات

Elnibat

seed

ئۇرۇق

Uruq

shrub

چاتقال

Chatqal

soil

تۇپراق

Tupraq

stem

غول

Ghol

thorn

تىكەن

Tiken

tree

دەرەخ

Derex

trunk

شاخ

Shax

weed

ياۋا ئوت

Yawa ot

Related Verbs

مۇناسۋەتلىك پېئىللار

Munaswetlik pé'illar

to fertilize

ئوغۇتلاش

Oghutlash

to gather

يىغىش

Yighish

to grow

ئۆستۈرۈش

Östürüsh

to harvest

ھوسۇل ئېلىش

Hosul élish

to pick

ئۈزۈش

Üzüsh

to plant

تېرىش

Térish

to plow

ئاغدۇرۇش

Aghdurush

to rake

تىرنىلاش

Tirnilash

to sow

ئۇرۇق چېچىش

Uruq chéchish

to water

سۇغۇرۇش

Sughurush

to weed

ئوتاش

Otash

7. Meeting Each Other

يۈز كۆرۈشۈش

Yüz körüshüsh

Greetings/Introductions:

سالاملىشىش\تونۇشتۇرۇش :

Salamlishish\tonushturush:

Good morning

خەيىرلىك سەھەر

Xeyirlik seher

Good afternoon

چۈشتىن كېيىنلىكىڭىز خەيىرلىك بولسۇن

Chüshtin kéyinlikingiz xeyirlik bolsun

Good evening

كەچلىكىڭىز خەيىرلىك بولسۇن

Kechlikingiz xeyirlik bolsun

Good night

خەيىرلىك كەچ

Xeyirlik kech

Hi

هەي

Hey

Hello

ئەسسالامۇئەلەيكۇم

Essalamu'eleykum

Have you met (name)?

(كىشى ئىسمى) بىلەن كۆرۈشكەنمۇ ؟

(Kishi isimi) bilen körüshkenmu?

How are you?

ئەھۋالىڭىز قانداقراق ؟

Ehwalingiz qandaqraq?

How are you today?

بۈگۈن ئەھۋالىڭىز قانداقراق ؟

Bügün ehwalingiz qandaqraq?

How do you do?

قانداقراق تۇرۇۋاتىسىز ؟

Qandaqraq turuwatisiz?

How's it going?

ئىشلار قانداق كېتىپ باردۇ؟

Ishlar qandaq kétip baridu?

I am (name).

مەن (ئىسىم).

Men (isim).

It's nice to meet you.

كۆرۈشكەنلىكىمدىن خۇشالمەن.

Körüshkenlikimdin xushalmen.

Meet (name).

(ئىسىم) بىلەن كۆرۈشۈڭ.

(Isim) bilen körüshüng.

My friends call me (nickname).

دوستلىرىم مېنى (لەقەم) دەپ چاقىرىدۇ.

Dostlirim méni (leqem) dep chaqiridu.

My name is (name).

مېنىڭ ئىسىمىم (ئىسىم).

Méning isimim (isim).

Nice to see you again.

قايتا كۆرۈشكەنلىكىمدىن خۇشالمەن.

Qayta körüshkenlikimdin xushalmen.

Pleased to meet you.

كۆرۈشكۈنىمىزدىن خۇشال بولدۇم.

Körüshkünimizdin xushal boldum.

This is (name)

بۇ (ئىسم)

Bu (isim)

What's your name?

ئىسمىڭىز نېمە ؟

Ismingiz néme?

Who are you?

سىز كىم ؟

Siz kim?

Greeting Answers

سالامغا جاۋاب بېرىش

Salamgha jawab bérish

Fine, thanks.

ياخشى ، رەھمەت.

Yaxshi, rehmet.

I'm okay.

ئەھۋالىم ياخشى.

Ehwalim yaxshi.

I'm sick.

ئاغرىپ قالدىم.

Aghrip qaldim.

I'm tired.

ھېرىپ قالدىم.

Hérip qaldim.

115

Not too bad.

يامان ئەمەس.

Yaman emes.

Very well.

ناھايىتى ياخشى.

Nahayiti yaxshi.

Saying Goodbye

خوشلىشىش

Xoshlishish

Bye

خوش

Xosh

Goodbye

خەير-خوش

Xeyr-xosh

Good night

خەيرلىك كەچ

Xeyirlik kech

See you later

كېيىن كۆرۈشەيلى

Kéyin körüsheyli

See you soon

كۆرۈشەرمىز

Körüshermiz

See you tomorrow

ئەتە كۆرۈشەيلى

Ete körüsheyli

Courtesy

ئەدەپ

Edep

Excuse me

كەچۈرۈڭ

Kechürüng

Pardon me

قايتا دەپ بېرىڭ

Qayta dep béring

I'm sorry

مېنى كەچۈرۈڭ

Méni kechürüng

Thanks

تەشەككۈرلەر

Teshekkürler

Thank you

رەھمەت

Rehmet

You're welcome

تۈزۈت قىلماڭ

Tüzüt qilmang

Special Greetings

تەبرىكلەشلەر

Tebrikleshler

Congratulations

مۇبارەك بولسۇن

Mubarek bolsun

Get well soon

تېز ئەسلىگە كەلگەيسىز

Téz eslige kelgeysiz

Good luck

ئامەت تىلەيمەن

Amet tileymen

Happy New Year

يېڭى يىلىڭىزغا مۇبارەك بولسۇن

Yéngi yilingizgha mubarek bolsun

Happy Easter

پاسخا بايرىمىغا مۇبارەك بولسۇن

Pasxa bayrimigha mubarek bolsun

Merry Christmas

روژدېستۋا بايرىمىغا مۇبارەك بولسۇن

Rojdéstwa bayrimigha mubarek bolsun

Well done

يارايسىز

Yaraysiz

Related Verbs

مۇناسۋەتلىك پېئىللار

Munaswetlik pé'illar

to greet

سالاملىشىش

Salamlishish

to meet

كۆرۈشۈش

Körüshüsh

to say

دېيىش

Déyish

to shake hands

قول ئېلىشىپ كۆرۈشۈش

Qol éliship körüshüsh

to talk

سۆزلەش

Sözlesh

to thank

رەھمەت ئېيتىش

Rehmet éytish

8. House
ئۆي

Öy

appliances

ئېلېكتر ئەسۋابلىرى

Éléktr eswabliri

attic

بالىخانا

Balixana

backyard

ئارقا ھويلا

Arqa hoyla

balcony

بالكون

Balkon

basement

گەمە

Geme

bathroom

مۇنچا

Muncha

bed

كارىۋات

Kariwat

bedroom

ياتاق

Yataq

bookshelf/bookcase

كىتاب ئىشكابى

Kitab ishkabi

cabinet

ئىشكاب

Ishkab

carpet

گىلەم

Gilem

126

carport

ماشىنا ئىسكىلاتى

Mashina iskilati

ceiling

تورۇس

Torus

chimney

تۈرخۈن

Turxun

closet

قازناق

Qaznaq

computer

كومپيۇتېر

Kompyutér

couch

ئۇزۇن سافا

Uzun safa

crib

بوۋاقلار كارىۋىتى

Bowaqlar kariwiti

cupboard

قاچا-قوُچا ئىشكاپ

Qacha qucha ishkap

curtain

پەردە

Perde

desk

ئۇُستەل

Üstel

dining room

تاماقخانا

Tamaqxana

dishwasher

قاچا يۇُغۇُچ

Qacha yughuch

door

ئىشىك

Ishik

driveway

ماشىنا يولى

Mashina yoli

exterior

دالان

Dalan

family room

كۆڭۈل ئېچىش ئۆيى

Köngül échish öyi

fence

رېشاتكا

Réshatka

fireplace

تاممەش

Tammesh

floor

پول

Pol

foundation

ئاساس

Asas

frame

رامكا

Ramka

furniture

ئۆي جاھازلىرى

Öy jahazliri

garage

ماشىنا ئۆيى

Mashina öyi

garden

گۈللۈك

Güllük

hall/hallway

زال

Zal

insulation

ئايرىمخانا

Ayrimxana

kitchen

ئاشخانا

Ashxana

laundry

كىرخانا

Kirxana

lawn

چىملىق

Chimliq

lawnmower

چىم ئوتاش ماشىنىسى

Chim otash mashinisi

library

كۇتۇبخانا

Kutubxana

light

چىراق

Chiraq

living room

مېھمانخانا

Méhmanxana

lock

قۇلۇپ

Qulup

loft

ھۇجرا

Hujra

mailbox

خەت ساندۇقى

Xet sanduqi

mantle

يېپىنچا

Yépincha

master bedroom

ئاساسىي ياتاق

Asasiy yataq

neighborhood

مەھەللە

Mehelle

office

ئىشخانا

Ishxana

pantry

ئامبار

Ambar

patio

سۇپا

Supa

plumbing

تۇرۇبا يوللىرى

Turuba yolliri

pool

كۆلچەك

Kölchek

porch

دەھلىز

Dehliz

roof

ئۆگزە

Ögze

shed

لاپاس

Lapas

shelf/shelves

ئىشكاپ

Ishkap

shingles

قاپارتما

Qapartma

shower

مۆنچا

Muncha

shutters

ياپقۇ

Yapqu

siding

تامتاختا

Tamtaxta

sofa

سافا

Safa

stairs/staircase

پەلەمپەي

Pelempey

telephone

تېلېفون

Téléfon

television

تېلېۋىزور

Téléwizor

toilet

ھاجەتخانا

Hajetxana

wall

تام

Tam

welcome mat

پالاس

Palas

window

دېرىزە

Dérize

yard

هويلا

Hoyla

Related Verbs

مۇناسۋەتلىك پېئىللار

Munaswetlik pé'illar

to build

سېلىش

Sélish

to buy

سېتىۋېلىش

Sétiwélish

to clean

تازىلاش

Tazilash

to decorate

زىننەتلەش

Zinnetlesh

to leave

ئايرىلىش

Ayrilish

138

to move in

كۆچۈپ كىرىش

Köchüp kirish

to move out

كۆچۈپ كېتىش

Köchüp kétish

to renovate

بېزەش

Bézesh

to repair

رېمونت قىلىش

Rémont qilish

to sell

سېتىش

Sétish

to visit

يوقلاش

Yoqlash

9. Arts & Entertainment

سەنئەت ۋە كۆڭۈل ئېچىش

Senet we köngül échish

3-D

3-D

3-D

action

مۇشتلاش

Mushtlash

actor/actress

ئارتىس

Artis

album

ئالبوم

Albom

alternative

تاللىما

Tallima

amphitheater

مۇسابىقە مەيدانى

Musabiqe meydani

animation

جانلاندۇرۇم

Janlandurum

artist

ئورۇنلىغۇچى

Orunlighuchi

audience

تاماشىبىن

Tamashibin

ballet

بالېت

Balét

band

مۇزىكا ئەترىتى

Muzika etriti

blues

مۇزىكسى Blues

Blues muzikisi

cast

ئارتىسلار ئىسىملىكى

Artislar isimliki

choreographer

خەتتات

Xettat

cinema

كىنوخانا

Kinoxana

comedy

كومېدىيە

Komédiye

commercial

ئېلان

Élan

composer

ئىشلىگۆچى

Ishligüchi

concert

كونسېرت

Konsért

conductor

دىرىژور

Dirijor

country

سەھرا ئۇسلۇبى

Sehra uslubi

dance

ئۇسۇل

Usul

director

رېژىسسور

Réjissor

documentary

هۆججەتلىك فىلم

Höjjetlik filim

drama

دراما

Drama

drummer

دۇمباقچى

Dumbaqchi

duet

تەڭكەش

Tengkesh

episode

ئېپىزوت

Épizot

event

ھادىسە

Hadise

exhibition

كۆرگەزمە

Körgezme

fantasy

فانتازىيە

Fantaziye

film

فىلم

Filim

genre

ئېقىم

Éqim

group

گۇرۇپپا

Guruppa

guitar

گىتار

Gitar

hip-hop

خىپ-خوپ

Xip-xop

horror

قورقۇنچلۇق

Qorqunchluq

inspirational

ئىلھاملاندۇرىدىغان

Ilhamlanduridighan

legend

رىۋايەت

Riwayet

lyrics

ناخشا تېكىستى

Naxsha tékisti

magician

سېھىرگەر

Séhirger

microphone

مكروفون

Mikrofon

motion picture

ھەرىكەتچان رەسىملىك

Heriketchan resimlik

museum

مۇزېي

Muzéy

music

مۇزىكا

Muzika

musical

مۇزىكىلىق

Muzikiliq

musician

مۇزىكانت

Muzikant

mystery

سىرلىق

Sirliq

opera

ئوپېرا

Opéra

orchestra

ئوركېستىر

Orkéstir

painter

رەسسام

Ressam

painting

رەسىم

Resim

performance

ئىقتىدار

Iqtidar

play

ئويۇن

Oyun

producer

ئىشلىگۈچى

Ishligüchi

rap

رەپ

Rep

repertoire

پروگرامما

Programma

rock

روك

Rok

romance

رومانتىك

Romantik

scene

كۆرۈنۈش

Körünüsh

science fiction

ئىلمى فانتازىيە

Ilmi fantaziye

sculptor

ھەيكەلتاراش

Heykeltarash

singer

ناخشىچى

Naxshichi

sitcom

كومېدىيە تىياتىرى

Komédiye tiyatiri

song

ناخشا

Naxsha

songwriter

ناخشا يازغۇچى

Naxsha yazghuchi

stage

سەھنە

Sehne

stand-up comedy

يالغۇز كىشىلىك كومېدىيە

Yalghuz kishilik komédiye

television

تېلېۋىزور

Téléwizor

theater

تىياتىر

Tiyatir

understudy

زاپاس ئارتىس

Zapas artis

Related Verbs

مۇناسۇۋەتلىك پېئىللار

Munaswetlik pé'illar

to act

رول ئېلىش

Rol élish

to applaud

ئالقىشلاش

Alqishlash

to conduct

باشقۇرۇش

Bashqurush

to dance

ئۇسۇل ئويناش

Usul oynash

to direct

رېژىسسورلۇق قىلىش

Réjissorluq qilish

to draw

سزنش

Sizish

to entertain

كۆڭلىنى ئېچىش

Könglini échish

to host

ساھىبخانلىق قىلىش

Sahibxaniliq qilish

to paint

رەسىم سزنش

Resim sizish

to perform

ئورۇنلاش

Orunlash

to play

ئويناش

Oynash

to show

كۆرسىتىش

Körsitish

---

to sing

ناخشا ئېيتىش

Naxsha éytish

---

to star

كىنوغا ئېلىش

Kinogha élish

---

to watch

قاراش

Qarash

---

10. Games and Sports
مۇسابىقە ۋە تەنتەربىيە

Musabiqe we tenterbiye

amateur

هەۋەسكار

Heweskar

arena

مەيدان

Meydan

ball

توپ

Top

baseball

زەيتۇن توپ

Zeytun top

basketball

ۋاسكېتبول

Wasketbol

bicycle

ۋېلىسىپىت

Wélisipit

bowling

سوقما توپ

Soqma top

boxing

بوكسىيورلۇق

Boksiyorluq

championship

چېمپىيونلۇق

Chémpiyonluq

competition

مۇسابىقە

Musabiqe

course

باسقۇچ

Basquch

court

مەيدان

Meydan

defense

مۇداپىئە

Mudapi'e

equestrian

ئات مىنىش

At minish

event

ھادىسە

Hadise

fan

مەستانە

Mestane

fencing

قىلىچۋازلىق

Qilichwazliq

field

مەيدان

Meydan

football

پۇتبول

Putbol

gear

قورال

Qoral

goal

نىشان

Nishan

golf

گولف

Golf

gym

چىنىقىش زالى

Chéniqish zali

gymnastics

گىمناستىكا

Gimnastika

halftime

يېرىم مەيدان

Yérim meydan

helmet

دۇبۇلغا

Dubulgha

hockey

مۇز توپ

Muz top

ice skating

مۇز تېيىلىش

Muz téyilish

league

بىرلەشمە

Birleshme

martial arts

جانبازلىق

Janbazliq

match

مۇسابقه

Musabiqe

medal

مېدال

Médal

offense

ھۇجۇم

Hujum

Olympic Games

ئولىمپىك مۇسابقسى

Olimpik musabiqisi

pentathlon

بەش تۆردە مۇسابقىلىششش

Besh türde musabiqilishish

play

قويۇش

Qoyush

player

قويغۇچ

Qoyghuch

professional

كەسپي

Kespiy

puck

مۇز توپ

Muz top

quarter

چارەك

Charek

race

مۇسابىقە

Musabiqe

record

رېكورت

rékort

referee

رېپىر

Répir

riding

ئات مىنىش

At minish

ring

قوڭغۇراق ، مەيدان

Qongghuraq, meydan

rink

مۇز تىيىلىش

Muz tiyilish

running

يۈگۈرۈش

Yügürüsh

score

نومۇر

Nomur

skiing

قار تېيىلىش

Qar téyilish

soccer

پۇتبول

Putbol

softball

قورغان توپ

Qorghan top

spectators

كۆرۈرمەن

Körürmen

sport

تەنتەربىيە

Tenterbiye

sportsmanship

تەنھەریكەتچىلەرگە خاس روھ

Tenheriketchilerge xas roh

stadium

تەنتەربىيە مەيدانى

Tenterbiye meydani

swimming

سۇ ئۈزۈش

Su üzüsh

team

كوماندا

Komanda

tennis

چويلا توپ

Choyla top

track and field

يېنىك ئاتلېتىكا

Yénik atlétika

volleyball

ۋالىبول

Walibol

winner

غالبىيەتچى

Ghalbiyetchi

wrestling

چېلىشىش

Chélishish

Related Verbs

مۇناسۋەتلىك پېئىللار

Munaswetlik pé'illar

to cheat

ساختىلىق قىلىش

Saxtiliq qilish

to compete

رىقابەتلىشىش

Riqabetlishish

to dribble

شۆلگىيى ئېقىش

Shölgiyi éqish

to go

بېرىش

Bérish

to lose

ئۇتتۇرۇش

Utturush

to play

ئويناش

Oynash

to race

مۇسابىقىلىشىش

Musabiqilishish

to score

نومۇر ئېلىش

Nomur élish

to win

يېڭىش

Yéngish

11. Food
يېمەكلىك

Yémeklik

apple

ئالما

Alma

bacon

چوشقا قېزىسى

Choshqa qézisi

banana

بانان

Banan

beans

پۇرچاق

Purchaq

beef

كالا گۆشى

Kala göshi

bread

بولكا

Bolka

brownie

بالا تورت

Bala tort

cake

تورت

Tort

candy

قەنت-گېزەك

Qent-gézek

carrot

سەۋزە

Sewze

celery

كەرەپشە

Kerepshe

cheese

پشلاق

Pishlaq

chicken

توخۇ

Toxu

chocolate

شاكىلات

Shakilat

cookie

پېچىنه

Péchine

crackers

قاقلىما پېچىنه

Qaqlima péchine

fish

بېلىق

Béliq

fruit

مېۋە

Méwe

---

ham

سۇر گۆش

Sür gösh

---

herbs

دورا-دەرمەك

Dora-dermek

---

honey

ھەسەل

Hesel

---

ice cream

ماروژنى

Marojni

---

jelly/jam

مۇراببا\قىيام

Murabba\qiyam

---

ketchup

پەمىدۇر قىيامى

Pemidur qiyami

lemon

لېمون

Lémon

lettuce

ئوسۇڭ

Osung

mayonnaise

تۇخۇم سېرىقى قىيامى

Tuxum sériqi qiyami

meat

گۆش

Gösh

melon

قوغۇن

Qoghun

175

milk

سۆت

Süt

mustard

قىچا تالقىنى

Qicha talqini

nuts

مېغىز

Méghiz

orange

ئاپېلسىن

Apélsin

pasta

ئىتالىيە چۆپى

Italiye chöpi

pastry

پىشۇرۇق

Pishuruq

pepper

قارىمۇچ

Qarimuch

---

pork

چوشقا گۆشى

Choshqa göshi

---

potato

ياڭيۇ

Yangyu

---

salad

سالات

Salat

---

sandwich

ساندىۋىچ

Sandiwich

---

sausage

قزا

Qiza

soup

شورپا

Shorpa

spice

دورا . دەرمەك

Dora dermek

steak

توغرالغان كالا گۆشى

Toghralghan kala göshi

strawberry

بۆلجۈرگەن

Böljürgen

sugar

شېكەر

Shéker

tea

چاي

Chay

toast

بولكا

Bolka

tomato

پەمىدۇر

Pemidur

vegetables

كۆكتات

Köktat

water

سۇ

Su

wheat

بۇغداي

Bughday

Restaurants and Cafes

ئاشخانا ۋە قەھۋەخانا

Ashxana we qehwexana

a la carte

تىزىملىك بويۇنچە بۇيرۇتۇش

Tizimlik boyunche buyrutush

a la mode

ئالقىشلانغىنى بويۇنچە بۇيرۇتۇش

Alqishlanghini boyunche buyrutush

appetizer

ئىشتىها ئاچقۇچى يېمەكلىك

Ishtiha achquchi yémeklik

bar

قاۋاق

Qawaq

beverage

ئىچىملىك

Ichimlik

bill

تالون

Talon

bistro

كچىك قاۋاق

Kichik qawaq

breakfast

ناشتىلىق

Nashtiliq

brunch

ئارىلىق تاماق

Ariliq tamaq

cafe/cafeteria

قەھۋەخانا

Qehwexana

cashier

ھېساباتچى

Hésabatchi

chair

ئورۇندۇق

Orunduq

charge

پۇل تۆلەش

Pul tölesh

check

تالون

Talon

chef

ئاشپەز

Ashpez

condiments

تەم تەڭشىگۈچ

Tem tengshigüch

cook

ئاشپەز

Ashpez

deli/delicatessen

تەييار يېمەكلىك دۇكىنى

Teyyar yémeklik dukini

dessert

تاتلىق تۈرۈم

Tatliq türüm

diner

كىچىك ئاشخانا

Kichik ashxana

dinner

زىياپەت

Ziyapet

dishwasher

قاچا يۇغۇچ

Qacha yughuch

doggie bag

يېمەكلىك خۇرجۇنى

Yimeklik xurjuni

drink

ئىچىملىك

Ichimlik

entree

ئاساسى تاماق

Asasi tamaq

food

يېمەكلىك

Yémeklik

gourmet

ئېسىل يېمەكلىكلەر

Ésil yémeklikler

hor d'oeuvre

قوشۇمچە تاماق

Qoshumche tamaq

host/hostess

ساھىبخان

Sahibxan

lunch

چۈشلۈك تاماق

Chüshlük tamaq

manager

باشقۇرغۇچى

Bashqurghuchi

menu

تىزىملىك

Tizimlik

party

يىغىلىش

Yighilish

platter

چوڭ تەخسە

Chong texse

reservation

زاكاز

Zakaz

restaurant

رىستوران

Réstoran

server/waiter/waitress

كۇتكۇچى

Kütküchi

silverware

كۆمۈش بۇيۇملار

Kümüsh buyumlar

table

ئۈستەل

Üstel

tip

چاي پۇلى

Chay puli

to go

بېرىش

Bérish

Related Verbs

مۇناسۋەتلىك پېئىللار

Munaswetlik péʼillar

to bake

پىشۇرۇش

Pishurush

---

to be hungry

قۇرساق ئېچىش

Qursaq échish

---

to cook

قورۇش

Qorush

---

to cut

كېسىش

Késish

---

to dine

غىزالىنىش

Ghizalinish

187

to drink

ئىچىش

Ichish

---

to eat

يېيىش

Yéyish

---

to eat out

سىرتتا غىزالىنىش

Siritta ghizalinish

---

to grow

ئۆستۈرۈش

Östürüsh

---

to have breakfast/lunch/dinner

ناشتىلىق\چۈشلۈك تاماق\كەچلىك تاماق يېيىش

Nashtiliq\chüshlük tamaq\kechlik tamaq yéyish

---

to order

زاكاز قىلىش

Zakaz qilish

---

to pay

تۆلەش

Tölesh

to prepare

تەييارلاش

Teyyarlash

to reserve

ئورۇن ئېلىپ قويۇش

Orun élip qoyush

to serve

مۇلازىمەت قىلىش

Mulazimet qilish

to taste

تېتىش

Tétish

12. Shopping
سودا-سېتىق
Soda-sétiq

bags

خالتا

Xalta

barcode

تاياقچە كود

Tayaqche kod

basket

سېۋەت

Séwet

bookstore

كىتابخانا

Kitabxana

boutique

بوتكا

Botka

browse

زيارەت قلمش

Ziyaret qilish

buggy/shopping cart

هارۋا

Harwa

butcher

قاسساپ

Qassap

cash

نەقپۇل

Neqpul

cashier

ھېساباتچى

Hésabatchi

change

قايتقان پۇل

Qaytqan pul

changing room

كىيىم ئالماشتۇرۇش ئۆيى

Kiyim almashturush öyi

check

تالون

Talon

clearance

ئىسكلاتنى قۇرۇقداش

Isklatni quruqdash

convenience store

قولايلىق دۇكان

Qolayliq dukan

credit card

ئىناۋەت كارتىسى

Inawet kartisi

customer

خېرىدار

Xéridar

debit card

قەرز كارتىسى

Qerz kartisi

delivery

يەتكۈزۈلۈش

Yetküzülüsh

department store

تۈرلۈك ماللار ماگزىننى

Türlük mallar magizini

discount

باھانى چۈشۈرۈش

Bahani chüshürüsh

drugstore/pharmacy

دورىخانا

Dorixana

escalator

لىفت

Lift

florist

گۈلچى

Gülchi

grocery

يېمەكلىك دۇكىنى

Yémeklik dukini

hardware

قاتتىق دېتال

Qattiq détal

jeweler

ئۆنچە-مەرۋايىت دۇكىنى

Ünche merwayit dukini

mall

سودا ساراي

Soda saray

market

بازار

Bazar

receipt

تالون

Talon

return

قايتقان پۇل

Qaytqan pul

sale

يېڭى مال

Yéngi mal

salesman

مال ساتقۇچى

Mal satquchi

size

چوڭلۇقى

Chongluqi

shoe store

ئاياغ دۇكىنى

Ayagh dukini

shopping center

سودا-سېتىق مەركىزى

Soda-sétiq merkizi

store

دۇكان

Dukan

supermarket

تاللا بازىرى

Talla baziri

wholesale

توپ ساتىدىغان بازار

Top satidighan bazar

Related Verbs

مۇناسۋەتلىك پېئىللار

Munaswetlik pé'illar

to buy

سېتىۋېلىش

Sétiwélish

to charge

ھەق ئېلىش

Heq élish

to exchange

ئالماشتۇرۇش

Almashturush

to return

قايتۇرۇش

Qayturush

to save

ساقلاش

Saqlash

to sell

سېتىش

Sétish

to shop

مال سېتىۋېلىش

Mal sétiwélish

to spend

خەجلەش

Xejlesh

to try on

سىناش

Sinash

13. At the Bank
بانکدا

Bankida

account

ھېسابات

Hésabat

APR

يىللىق ئۆسۈم

Yilliq ösüm

ATM

پۇلئالغۇ

Pulalghu

balance

تەڭپۇڭلۇق

Tengpungluq

bank

بانكا

Banka

borrower

قەرز ئالغۇچى

Qerz alghuchi

bounced check

قايتقان تالون

Qaytqan talon

cash

نەقپۇل

Neqpul

check

تالون

Talon

checkbook

تالون دەپتىرى

Talon deptiri

checking account

دائىملىق ھېسابات

Da'imliq hésabat

collateral

گۆرۈگە قويۇلغان نەرسە

Görüge qoyulghan nerse

credit

كرېدىت

Krédit

credit card

ئىناۋەت كارتىسى

Inawet kartisi

credit limit

كرېدىت چەكلىمىسى

Krédit cheklimisi

credit rating

كرېدىت نىسبىتى

Krédit nisbiti

currency

پۇل بىرلىكى

Pul birliki

debt

قەرز

Qerz

debit

دېبىت

Débit

debit card

قەرز كارتىسى

Qerz kartisi

deposit

ئامانەت

Amanet

fees

ھەق

Heq

interest

ئۆسۈم

Ösüm

loan

قەرز پۇل

Qerz pul

money

پۇل

Pul

money market

پۇل بازىرى

Pul baziri

mortgage

رەنە

Rene

NSF

يېتەرلىك پۇل يوق

Yéterlik pul yoq

overdraft

ئارتۇق پۇل ئېلىش

Artuq pul élish

payee

پۇل تاپشۇرۇپ ئالغۇچى

Pul tapshurup alghuchi

PIN

مەخپىي نومۇر

Mexpiy nomur

register

تىزىملىتىش

Tizimlitish

savings account

ئامانەت ھېساباتى

Amanet hésabati

statement

باياننامە

Bayanname

telebanking

تېلېفون بانكىسى

Téléfon bankisi

teller

بانكا مۇلازىمەتچىسى

Banka mulazimetchisi

transaction

ئېلىم-بېرىم

Élim-bérim

traveler's check

سایاهەت چېکى

Sayahet chéki

withdraw

پۇل ئېلىش

Pul élish

Related Verbs

مۇناسۋەتلىك پېئىللار

Munaswetlik pé'illar

to borrow

ئارىيەتكە ئېلىش

Ariyetke élish

to cash

نەقپۇل تۆلەش

Neqpul tölesh

to charge

ھەق ئېلىش

Heq élish

to deposit

ئامانەت قويۇش

Amanet qoyush

to endorse

ئىمزا قويۇش

Imza qoyush

to hold

تۇتۇپ تۇرۇش

Tutup turush

to lend

ئاريەتكە بېرىش

Ariyetke bérish

to open an account

ھېسابات ئېچىش

Hésabat échish

to pay

تۆلەش

Tölesh

to save

ساقلاش

Saqlash

to transfer money

پۇل ئاغدۇرۇش

Pul aghdurush

to withdraw

پۇل ئېلىش

Pul élish

14. Holidays
بايراملار
Bayramlar

celebration

تەبرىكلەش

Tebriklesh

decorations

بېزەك

Bézesh

federal

فېدېراتىپ

Fédératip

festivities

تەبرىكلەش

Tebriklesh

fireworks

ساليوت

Salyot

gifts

سوۋغات

Sowghat

heroes

قەھرىمانلار

Qehrimanlar

national

مەملىكەتلىك

Memliketlik

parade

پارات

Parat

party

يىغىلىش

Yighilish

picnics

دالا سەيلىسى

Dala seylisi

resolution

ئېنىقلىق

Éniqliq

traditions

ئەنئەنە

Enene

American Holidays in calendar order:

كالېندار تەرتىپىدىكى ئامېرىكا بايراملىرى:

Kaléndar tertipidiki amérika bayramliri:

New Year's Day

يېڭى يىل بايرىمى

Yéngi yil bayrimi

Valentine's Day

ئاشىق-مەشۇقلار بايرىمى

Ashiq-meshuqlar bayrimi

St. Patrick's Day

ساينىت پاتېرك كۈنى

Sayint patérk küni

Easter

پاسخا بايرىمى

Pasxa bayrimi

Earth Day

يەر شارى كۈنى

Yer shari küni

Mother's Day

ئانىلار بايرىمى

Anilar bayrimi

Memorial Day

قۇربانلار خاتىرە كۈنى

Qurbanlar xatire küni

Father's Day

ئاتىلار بايرىمى

Atilar bayrimi

Flag Day

بايراق بايرىمى

Bayraq bayrimi

Independence Day

مۇستەقىللىق كۈنى

Musteqilliq küni

Labor Day

ئەمگەكچىلەر بايرىمى

Emgekchiler bayrimi

Halloween

ئەرۋاھلار بايرىمى

Erwahlar bayrimi

Veteran's Day

ھەربىي سەپتىن قايتقانلار كۈنى

Herbiy septin qaytqanlar küni

Thanksgiving Day

مىننەتدارلىق بايرىمى

Minnetdarliq bayrimi

Christmas

روژدېستۇۋا بايرىمى

Rojdéstuwa bayrimi

Hanukkah

هانۇككاھ

Hanukkah

New Year's Eve

يېڭى يىل بايرىمى

Yéngi yil bayrimi

Related Verbs

مۇناسۋەتلىك پېئىللار

Munaswetlik pé'illar

to celebrate

تەبرىكلەش

Tebriklesh

to commemorate

خاتىرىلەش

Xatirilesh

to give

بېرىش

Birish

to honor

ئېھتىرام بىلدۈرۈش

Éhtiram bildürüsh

to observe

تەكشۈرۈش

Tekshürüsh

to party

يغىلىش قىلىش

Yighilish qilish

to recognize

ئېتىراپ قىلىش

Étirap qilish

to remember

ئەسلەش

Eslesh

15. Traveling
سایاهەت

Sayahet

airport

ئايرودروم

Ayrodrom

baggage

يۈك-تاق

Yük-taq

boarding pass

ئايروپىلانغا چىقىش كارتىسى

Ayropilangha chiqish kartisi

business class

ئالاھىدە بۆلۈمچە

Alahide bölümche

bus station

ئاپتوبۇس بېكىتى

Aptobus békiti

carry-on

قولدا كۆتۈرۈۋالغان

Qolda kötürüwalghan

coach

مەشقاۋۇل

Meshqawul

cruise

دېڭىز ساياھىتى

Déngiz sayahiti

depart/departure

سەپەرگە چىقىش

Seperge chiqish

destination

نىشان

Nishan

first class

ئالىي بۆلۈمچە

Aliy bölümche

flight

ئايروپىلان سەپىرى

Ayropilan sepiri

flight attendant

ئايرو خانقىز

Ayro xanqiz

luggage

يۈك-تاق

Yük-taq

map

خەرىتە

Xerite

passenger

يولۇچى

Yoluchi

passport

پاسپورت

Pasport

pilot

ئۇچقۇچى

Uchquchi

postcard

پوچتا كارتىسى

Pochta kartisi

rail

تۆمۈر يول

Tömür yol

red-eye

قىزىل-كۆز

Qizil-köz

reservations

زاكاز

Zakaz

road

يول

Yol

sail

دېڭىز سەپىرى

Déngiz sepiri

seat

ئورۇن

Orun

sightseeing

زىيارەت

Ziyaret

souvenir

خاتىرە بويۇم

Xatire boyum

suitcase

چامدان

Chamidan

tour

ساياھەت

Sayahet

tourist

ساياھەتچى

Sayahetchi

travel

ساياھەت

Sayahet

travel agent

ساياھەت شىركىتى

Sayahet shirkiti

trip

سەيلە

Seyle

vacation

دەم ئېلىش

Dem élish

Modes of Transportation

قاتناش ۋاستىلىرى

Qatnash wastiliri

Airplane/plane

ئايروپىلان

Ayropilan

automobile

ئاپتوموبىل

Aptomobil

boat

كېمە

Kéme

bus

ئاپتوبۇس

Aptobus

car

ماشىنا

Mashina

ferry

كچك كیمه

Kichik kéme

motorcycle

موتسكلت

Motsikilit

motor home

ماشننا ئۆی

Mashina öy

ship

پاراخوت

Paraxot

subway

مېترو

Métro

taxi

تاكسى

Taksi

train

پويىز

Poyiz

truck

يۆك ماشىنىسى

Yük mashinisi

Hotels

مېھمانخانلار

Méhmanxanilar

airport shuttle

ئايرودروم نۆۋەتچى ئاپتوبۇسى

Ayrodrom nöwetchi aptubusi

all-inclusive

ھەممىنى ئۆز ئىچىگە ئالغان

Hemmini öz ichige alghan

amenities

كۆڭۈل ئېچىش ئەسلىھەلىرى

Köngül échish esliheliri

balcony

بالكون

Balkon

bathroom

مۇنچا

Muncha

beds

كارۋات

Karwat

bed and breakfast

ياتاق ۋە تاماق

Yataq we tamaq

bellboy/bellhop

كۆتكۈچى

Kütküchi

bill

تالون

Talon

business center

سودا مەركزى

Soda merkizi

cable/satellite TV

سىملىق تېلېۋىزىيە

Simliq téléwiziye

charges (in-room)

ئايرىم ھەقلەر

Ayrim heqler

concierge

بىنا باشقۇرغۇچى

Bina bashqurghuchi

elevator

لىفت

Lifit

exercise/fitness room

چېنىقىش ئۆيى

Chéniqish öyi

front desk

مۇلازىمەت ئۈستىلى

Mulazimet üstili

gift shop

سوۋغات دۇكىنى

Sowghat dukini

guest

مېهمان

Méhman

high-rise

ئېگىز قەۋەتلىك

Égiz qewetlik

hotel

مېهمانخانا

Méhmanxana

housekeeping

ياتاق تازىلىقى

Yataq taziliqi

inn

ساراي

Saray

key

ئاچقۇچ

Achquch

lobby

كۆتۈۋېلىش زالى

Kütüwélish zali

lounge

دەم ئېلىش ئۆيى

Dem élish öyi

luxury

ھەشەمەتلىك

Heshemetlik

maid

ئايال مۇلازىم

Ayal mulazim

manager

باشقۇرغۇچى

Bashqurghuchi

meeting room

يىغىن زالى

Yighin zali

mini-bar

كىچىك قاۋاق

Kichik qawaq

motel

ماشىنا بىلەن ساياھەت قىلغۇچىلار ئۈچۈن سېلىنغان مېھمانخانا

Mashina bilen sayahet qilghuchilar üchün sélinghan saray

non-smoking

تاماكا چېكىش چەكلەنگەن

Tamaka chékish cheklengen

pool - indoor/outdoor

كۆلچەك - زال ئىچى\زال سىرتى

Kölchek - zal ichi\zal sirti

parking

ماشىنا توختىتىش مەيدانى

Mashina toxtitish meydani

reception desk

كۈتۈۋېلىش ئۈستىلى

Kütüwélish üstili

reservation

زاكاز

Zakaz

resort

ئارامگاھ

Aramgah

restaurant

رېستوران

Réstoran

room number

ياتاق نومۇرى

Yataq nomuri

room service

ياتاق مۇلازىمىتى

Yataq mulazimiti

service charge

مۇلازىمەت ھەققى

Mulazimet heqqi

suite

يۇرۇشلۇك ئۆي

Yürüshlük öy

vacancy

بوش ياتاق

Bosh yataq

Related Verbs

مۇناسۋەتلىك پېئىللار

Munaswetlik pé'illar

to arrive

يتىپ كېلىش

Yitip kélish

---

to buy

سېتىۋېلىش

Sétiwélish

---

to change

ئۆزگەرتىش

Özgertish

---

to check-in/out

ياتاققا كىرىش\چىقىش

Yataqqa kirish\chiqish

---

to drive

ماشىنا ھەيدەش

Mashina heydesh

236

to fly

ئۇچۇش

Uchush

to land

قونۇش

Qonush

to make a reservation

زاكاز قىلىش

Zakaz qilish

to pack

قاچىلاش

Qachilash

to pay

تۆلەش

Tölesh

to rent

ئارىيەتكە بېرىش

Ariyetke élish

to see

کۆرۈش

Körüsh

to stay

تۇرۇش

Turush

to take off

كۆتۈرۈلۈش

Kötürülüsh

to travel

سایاھەت قىلىش

Sayahet qilish

16. School
مەكتەپ

Mektep

assignment

تاپشۇرۇق

Tapshuruq

backpack

دۆمبە سومكىسى

Dümbe somkisi

book

كىتاب

Kitab

book bag

كىتاب سومكىسى

Kitab somkisi

calculator

ھېسابلىغۇچ

Hésablighuch

calendar

كالېندار

Kaléndar

chalk

بور

Bor

chalkboard

دوسكا

Doska

chart

دىئاگرامما

Di'agramma

class

دەرس

Ders

classmate

ساۋاقداش

Sawaqdash

classroom

سنىپ

Sinip

colored pencils

رەڭلىك قېرىنداش

Renglik qérindash

computer

كومپيۇتېر

Kompyutér

construction paper

قىيىش قەغزى

Qiyish qeghizi

crayons

رەڭلىك موم قەلەم

Renglik mom qelem

desk

ئۈستەل

Üstel

dictionary

لۇغەت

Lughet

diploma

دىپلوم

Diplom

dormitory

ئوقۇغۇچىلار ياتىقى

Oqughuchilar yatiqi

encyclopedia

قامۇس

Qamus

English

ئىنگلىزچە

Inglizche

eraser

ئۆچۈرگۈچ

Öchürgüch

exam

ئىمتىھان

Imtihan

experiment

تەجرىبە

Tejribe

geography

جوغراپىيە

Jughrapiye

globe

گلوبۇس

Globus

glue

شىلىم

Shilim

grades (A,B,C,D,F)

نەتىجە

Netije

gym

چىنىقىش زالى

Chéniqish zali

headmaster

مۇدىر

Mudir

history

تارىخ

Tarix

homework

تاپشۇرۇق

Tapshuruq

lesson

دەرس

Ders

library

كۇتۇبخانا

Kutubxana

lockers

ئىشكاپ ئۆيى

Ishkap öyi

lunch box/bag

چۈشلۈك تاماق سومكىسى

Chüshlük tamaq somkisi

map

خەرىتە

Xerite

markers

بەلگە قويغۇچ

Belge qoyghuch

math

ماتېماتىكا

Matématika

notebook

خاتىرە دەپتەر

Xatire depter

paper

قەغەز

Qeghez

pen

قەلەم

Qelem

pencil

قېرىنداش

Qérindash

pencil sharpener

ئۇچلىغۇچ

Uchlighuch

physical education/PE

تەنتەربىيە

Tenterbiye

portfolio

شەخسى ئۇچۇرلار

Shexsi uchurlar

246

principal

مۇدىر

Mudir

professor

پروفېسسور

Proféssor

project

تۈر

Tür

quiz

سىناق

Sinaq

reading

ئوقۇش

Oqush

recess

تەنەپپۇس

Teneppus

ruler

سىزغۇچ

Sizghuch

science

پەن-تېخنىكا

Pen-téxnika

scissors

قايچا

Qaycha

semester

مەۋسۇم

Mewsüm

student

ئوقۇغۇچى

Oqughuchi

teacher

ئوقۇتقۇچى

Oqutquchi

test

سناق

Sinaq

thesaurus

مەنداش سۆزلەر ئامبىرى

Menidash sözler ambiri

vocabulary

سۆزلۈك

Sözlük

Related Verbs

مۇناسۋەتلىك پېئىللار

Munaswetlik pé'illar

to answer

جاۋاب بېرىش

Jawab birish

to ask

سوراش

Sorash

to drop out

مەكتەپتىن چېكىنىش

Mekteptin chékinish

to fail

ئۆتەلمەسلىك

Ötelmeslik

to learn

ئۆگىنىش

Öginish

to pass

ئۆتۈش

Ötüsh

to play

ئويناش

Oynash

to read

ئوقۇش

Oqush

to register

تىزىملىتىش

Tizimlitish

to study

ئۆگۈنۈش

Ögünüsh

to teach

ئوقۇتۇش

Oqutush

to test

سنناش

Sinash

to think

ئويلاش

Oylash

to write

يېزىش

Yézish

17. Hospital
دوختۇرخانا

Doxturxana

allergy/allergic

سەزگۈر

Sezgür

amnesia

ئۇنتۇغاقلىق

Untughaqliq

amputation

پۇت ياكى قولنىڭ مەلۇم قىسمىنى كېسىۋېتىش

Put yaki qolning melum qismini késiwétish

anesthesiologist

ناركوز دوختۇرى

Narkoz doxturi

antibiotics

ئانتىبىئوتىك

Antibi'otik

appointment

ئۇچرىشىش

Uchrishish

asthma

نەپەس سىقىلىش

Nepes siqilish

bacteria

باكتېرىيە

Baktériye

biopsy

تىرىك توقۇلمىلارنى تەكشۈرۈش

Tirik toqulmilarni tekshürüsh

blood

قان

Qan

blood donor

قان تەقدىم قىلغۇچى

Qan teqdim qilghuchi

blood pressure

قان بېسمى

Qan bésimi

blood test

قان تەكشۈرۈش

Qan tekshürüsh

bone

سۆڭەك

Söngek

brace

تۆۋرۈك

Tüwrük

bruise

جاراھەت ئىزى

Jarahet izi

C-section

بالىياتقۇنىڭ كېسىلىدىغان يېرى

Baliyatquning késilidighan yéri

cancer

راك

Rak

CPR

يۈرەكنى ئەسلىگە كەلتۈرۈش

Yürekni eslige keltürüsh

cast

تېڭىق ماتېرىيالى

Téngiq matériyali

chemotherapy

خىمىيىلىك داۋالاش

Ximiyilik dawalash

coroner

جەسەت تەكشۈرگۈچى

Jeset tekshürgüchi

critical

ھالقىلىق

Halqiliq

crutches

قولتۇق تاياق

Qoltuq tayaq

deficiency

كەمتۈكلۈك

Kemtüklük

dehydrated

سۈسىزلانغان

Susizlanghan

diabetes

دىئابىت

Di'abit

diagnosis

دىئاگنۇز

Di'agnuz

disease

كېسەللىك

Késellik

doctor

دوختۇر

Doxtur

ER

تېز قۇتقۇزۇش ئۆيى

Téz qutquzush öyi

exam

ئىمتىھان

Imtihan

fever

قىزىتما

Qizitma

flu

زۇكام

Zukam

fracture

سۇنۇق

Sunuq

heart attack

يۈرەك كېسىلى

Yürek késili

hives

كېكىردەك ياللۇغى

Kékirdek yallughi

illness

كېسەللىك

Késellik

imaging

سۈرەتكە ئېلىش

Süretke élish

immunization

ئەملەش

Emlesh

infection

يۇقۇم

Yuqum

ICU

ICU
ICU

IV

IV
IV

laboratory

لابوراتورىيه

Laboratoriye

life support

هاياتنى ساقلاپ قالالايدىغان

Hayatni saqlap qalalaydighan

mass

ماسسا

Massa

medical technician

تىبابەت تېخنىكى

Tibabet téxniki

nurse

سېسترا

Séstra

OR

OR

OR

operation

مەشغۇلات

Meshghulat

orthopedic

ئۇستىخان تۆزەش

Ustixan tüzesh

pain

ئاغرىق

Aghriq

patient

بىمار

Bimar

pediatrician

بالىلار كېسەللىكلىرى دوختۇرى

Balilar késellikliri doxturi

pharmacy

دورىخانا

Dorixana

physician

ئىچكى كېسەللىكلەر دوختۇرى

Ichki késellikler doxturi

prescription

رېتسىپ

Rétsip

psychiatrist

روهىي كېسەللىكلەر مۇتەخەسسىسى

Rohiy késellikler mutexessisi

radiologist

رادىئاكتىپ ئىلمى تەتقىقاتچىسى

Radi'aktip ilmi tetqiqatchisi

262

resident

بالنىست دوختۇرى

Balnést doxturi

scan

سايلاش

Sayilash

shot

رەسىمگە ئېلىش

Resimge élish

side effects

قوشۇمچە تەسرى

Qoshumche tesiri

specialist

مۇتەخەسسىس

Mutexessis

stable

مۇقىم

Muqim

surgeon

تاشقى كېسەللىكلەر دوختۇرى

Tashqi késellikler doxturi

symptoms

كېسەللىك ئالامەتلىرى

Késellik alametliri

therapy

داۋالاش

Dawalash

treatment

داۋالاش

Dawalash

visiting hours

يوقلاش ۋاقتى

Yoqlash waqti

wheelchair

چاقلىق ئورۇندۇق

Chaqliq orunduq

x-ray

ئېكىس نۇرى

Ékis nuri

Related Verbs

مۇناسۋەتلىك پېئىللار

Munaswetlik pé'illar

to cough

يۆتىلش

Yötilish

---

to examine

تەكشۈرۈش

Tekshürüsh

---

to feel

ھېس قىلش

Hés qilish

---

to give

بېرىش

Birish

---

to hurt

يارىلىنىش

Yarilinish

---

to prescribe

رېتسىپ يېزىش

Rétsip yézish

to scan

سايلاش

Sayilash

to take

ئېلىش

Élish

to test

سىناش

Sinash

to treat

داۋالاش

Dawalash

to visit

يوقلاش

Yoqlash

to wait

ساقلاش

Saqlash

18. Emergency

جددي قۇتقۇزۇش

Jiddiy qutquzush

accident

ھادسه

Hadise

ambulance

قۇتقۇزۇش ئاپتوموبىلى

Qutquzush aptomobili

blizzard

بوران

Boran

blood/bleeding

قان

Qan

broken bone

سۆڭەكنى سۇندۇرۇۋېلىش

Söngekni sunduruwélish

269

chest pain

كۆكرەك ئاغرىقى

Kökrek aghriqi

choking

دەمى سىقىلىش

Dimi siqilish

coast guard

قىرغاق چارلىغۇچى

Qirghaq charlighuchi

crash

سوقۇلۇپ كەتىش

Soqulup kitish

drowning

تۇنجۇقۇش

Tunjuqush

earthquake

يەر تەۋرەش

Yer tewresh

emergency

جددي

Jiddiy

EMT

جددي ئەهۋال دوختۇرى

Jiddiy ehwal doxturi

explosion

پارتلاش

Partlash

fight

ئۇرۇشۇش

Urushush

fire

ئوت

Ot

fire department

ئوت ئۆچۈرۈش ئەترتى

Ot öchürüsh etriti

271

fire escape

ئوتتىن قېچىش

Ottin qéchish

firefighter

ئوت ئۆچۈرگۈچى

Öt öchürgüchi

fire truck

ئوت ئۆچۈرۈش ماشىنىسى

Öt öchürüsh mashinisi

first aid

جىددى ياردەم

Jiddi yardem

flood

كەلكۈن

Kelkün

gun

قورال

Qoral

heart attack

يۈرەك كېسىلى

Yürek késili

Heimlich maneuver

جىددى قۇتقۇزۇش تەدبىرى

Jiddi qutquzush tedbiri

help

ياردەم

Yardem

hospital

دوختۇرخانا

Doxturxana

hurricane

قارا بوران

Qara boran

injury

يارا

Yara

ladder

شوتا

Shota

lifeguard

قۇتقۇزغۇچى

Qutquzghuchi

life support

هاياتنى ساقلاپ قالالايدىغان

Hayatni saqlap qalalaydighan

lost

يوقالغان

Yoqalghan

natural disaster

تەبئىي ئاپەت

Tebi'iy apet

officer

خىزمەتچى

Xizmetchi

poison

زەھەر

Zeher

police

ساقچى

Saqchi

rescue

قۇتقۇزۇش

Qutquzush

robbery

بۇلاڭچىلىق

Bulangchiliq

shooting

ئوققا تۇتۇش

Oqqa tutush

storm

جۇدۇن

Judun

stroke

سەكتە

Sekte

tornado

قارا قۇيۇن

Qara quyun

unconscious

ھوشىدىن كېتىش

Hoshidin kétish

Related Verbs

مۇناسۋەتلىك پېئىللار

Munaswetlik pé'illar

to bleed

قان ئېقىش

Qan éqish

to break

سۇنۇپ كېتىش

Sunup kitish

to breathe

نەپەسلىنىش

Nepeslinish

to burn

كۆيدۈرۈش

Köydürüsh

to call

چاقىرىش

Chaqirish

to crash

سوقۇلۇش

Soqulush

to cut

كېسىش

Késish

to escape

قېچىش

Qéchish

to faint

ماغدۇرسىزلىنىش

Maghdursizlinish

to fall

چۈشۈش

Chüshüsh

to help

ياردەم بېرىش

Yardem birish

to hurt

يارىلىنىش

Yarilinish

to rescue

قۇتقۇزۇش

Qutquzush

to save

ساقلاش

Saqlash

to shoot

ئوققا تۇتۇش

Oqqa tutush

to wreck

خەتەرگە ئۇچراش

Xeterge uchrash

Made in the USA
Middletown, DE
01 August 2018